CLARA LOUISE

Schon immer genug

CLARA LOUISE

Schon immer genug

Gedichtband

Mit Zeichnungen der Autorin

Vorwort

Nun sitze ich hier, endlich, denn ich habe das Schreiben des Vorworts dieses Mal immer wieder verschoben, weil ich unbedingt etwas Gutes schreiben wollte, etwas mit Tiefe und Zuversicht, doch ich weiß gar nicht, ob jetzt der absolut perfekte Zeitpunkt dafür ist, denn die Wahrheit ist, dass man das ja sowieso nie genau wissen kann. Und was bedeutet eigentlich Perfektion?

Passend zum Inhalt, zum Herzensthema dieses Buches, der Ansammlung von Gedichten, möchte ich die Perfektion hiermit ganz offiziell über Bord werfen, denn es ist wohl gerade das Unperfekte, Authentische und Wacklige, das mich hierhergebracht hat. Von der Schulabbrecherin zur Lyrikerin, die einmal in Abiturarbeiten auftaucht. Das hätte ich mir auch nie erträumt!

Es zeigt aber nur, wie wichtig es ist, auf sein Herz zu hören und an sich selbst zu glauben. Neulich erst habe ich gelesen, dass uns im Schulsystem in unseren Breitengraden in erster Linie beigebracht wird zu folgen und zu leisten, aber nicht, unseren eigenen, selbstbestimmten und manchmal, ja, sogar sehr oft, sehr riskanten Weg zu gehen, den wir aber manchmal gehen müssen, um zum Glück zu kommen.

Jeder Mensch ist anders und somit ist auch jeder Weg anders. Es ist gut und wichtig, dass wir erkennen, dass wir alle Individuen mit besonderen Eigenschaften sind, die uns liebenswert und einzigartig machen! Viele Jahre meines Lebens habe ich nach Anerkennung und Bewunderung gestrebt. Dieses Verlangen ist oft schambehaftet, dabei verrät es uns ganz viel über uns und unser Innenleben. Deshalb liegt mir das Thema, welches ich für diesen Gedichtband gewählt habe, auch so sehr am Herzen.

Es ist mir wichtig, dass wir uns alle eine Chance geben, untereinander, aber auch uns selbst. Viele von uns wurden nicht mit einer Extraladung Selbstwert geboren und müssen sich diesen erst im Laufe des Lebens erarbeiten. Auch ich lerne jeden Tag dazu und fülle diese leere Vase auf. Stück für Stück.

Ich wünsche mir, dass diese kurzen und manchmal längeren Gedichte und Anregungen dir dabei helfen, dich selbst an etwas zu erinnern, das du eigentlich schon weißt, und vor allem wünsche ich mir, dass du irgendwann, egal, wie lange es auch dauern mag, dieses Buch gar nicht mehr zur Erinnerung brauchst und du es dann einfach weitergeben kannst an einen Menschen, dessen Vase noch leer ist.

In jedem Fall bedanke ich mich schon jetzt fürs Lesen und beglückwünsche dich dazu, dass du dir Zeit für dich selbst nimmst. Das ist eine gute Entscheidung.

Viel Liebe und Hoffnung,
deine Clara Louise

1. Auflage
© 2022 Loud Media and Awareness GmbH,
Imbergstr. 31c, 5020 Salzburg, Österreich
Umschlaggestaltung: Clara Louise
Lektorat: 2022 Lektorat Unker
Satz und Layout: Alexander Tiefenbacher, Clara Louise
Fotos: Umschlag, S. 116 & S. 119 Anna Theresa Lohninger
Druck und Bindung FINIDR, s.r.o.,
Lípová 1965, 737 01 Český Těšín, Tschechische Republik
Bestellung und Vertrieb: Nova MD GmbH,
Raiffeisenstraße 4, D-83339 Vachendorf, Deutschland
ISBN 978-3-98595-316-5

www.claralouise.de
www.loud.at

Diese Zeilen
schrieb ich
an dich und
ein wenig auch
an mich,
damit wir
nie vergessen,
dass wir
schon immer
genug sind.

Inhalt Gedichte

Wahrheit

Die Wahrheit ist:
Ich war schon immer genug.

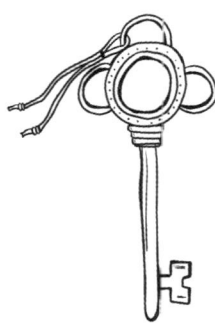

Wiederfinden

Ich werde nie vergessen,
als ich mich nach vielen Jahren
zum ersten Mal
im Spiegel erkannt habe,
mir zugelächelt habe
und das Bild mit meiner Hand berührte,
kaum glaubend,
dass ich geschafft hatte,
mich wiederzufinden.

Barfuß über Scherben

Niemand weiß um die Not,
die einst in mir lebte,
und um die Reste,
die sich noch am Boden verbergen,
doch ich spüre sie noch:
Schmerz und Erlösung,
immer wieder aufs Neue,
wenn ich barfuß über die Scherben laufe.

Aus der Rolle

Ich kann nicht vergessen,
wer ich jetzt bin,
selbst wenn es in mir manchmal
immer noch danach ruft,
mich den Mustern anzupassen,
so falle ich doch schwer
und auffällig aus der Rolle,
und ja, das ist schön,
dass ich nicht mehr verstecken kann,
wer ich wirklich bin.

Glaubst du auch an Wunder?

Glaubst du auch an Wunder?
Daran, dass man immer wieder heilen kann?
Dass selbst die größten Narben
irgendwann einmal nicht mehr schmerzen,
sondern uns stolz an unsere innere Kraft erinnern?

Glaubst du auch daran,
dass man immer wieder aufstehen kann,
selbst wenn der Schnee einen bedeckt
und die Luft immer dünner wird?
Glaubst du auch an Wunder?
Und glaubst du auch an dich?

Leuchten

Ich möchte
LEUCHTEN,
ich werde
LEUCHTEN,
ich
LEUCHTE.

In Zufriedenheit

Ich möchte nicht mehr suchen,
nicht mehr jagen
nach der abertausendsten
verbesserten Version meines Selbst.
Ich möchte und werde
mich arrangieren,
mich viel mehr noch akzeptieren,
mich in Zufriedenheit verlieren,
mit der jetzigen Version
meines Selbst.

Im neuen Glanz

Du konntest nicht wissen,
wen du vor dir hast,
als du mich trafst
letzte Nacht,
als ich noch versteckt war
in meinem Kokon.

Denn erst im Morgengrauen
habe ich sie abgelegt,
die vielen Schichten,
Mengen an Schutzfolien
und flog hinauf Richtung Sonne,
mutig und bereit zu verbrennen,
sehnsuchtsvoll lüsternd nach
meiner freien Seele.

Und ich habe es überlebt,
ja, viel mehr noch als das –
ich kam zurück und fing gleich neu
mit diesem mir im neuen
Glanz erscheinenden Leben an.

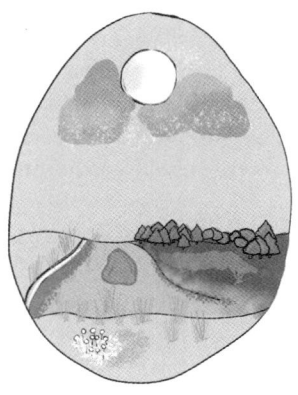

Frei sein

Was ist es,
das mich zurückhält
vom Laufen zum Licht,
vom Greifen nach dem Glück?

Es hält mich fest,
spannt sich um meinen Bauch,
zieht mich immer wieder zurück,
wenn ich mich endlich traue,
den Schritt zu wagen.

Ich sehe es nicht,
ich erkenne es nicht,
ich weiß nicht,
woher es kommt
und weshalb es nicht
einfach verschwinden kann.

Es ist wie ein Schlag
in meine Magengrube,
es fühlt sich so an,
als hätte ich
etwas Falsches gegessen,
tagelang immer wieder
etwas Falsches gegessen.

Doch ich kann es einfach
nicht zulassen,
diesen Kampf schon jetzt
zu beenden und mich
immer wieder zurückschlagen zu lassen
an die Wand,
die mich zerbricht.

Ich brauche den Glauben daran,
darf ihn niemals verlieren,
dass ich eines Tages
frei sein werde.

Wahrer Sieg

Es stellt sich doch wieder die Frage,
inwiefern wir uns auf einen Kampf einlassen,
auf das, was uns schlecht fühlen lässt,
nur weil wir meinen, es gehört sich so
und man müsse die Zähne zusammenbeißen
und auf sein Recht bestehen.

Wer ist der wahre Sieger?
Und was, wenn es niemals ums Siegen geht?

Ist uns der innere Frieden das Wichtigste,
dann erübrigt sich die Frage,
inwiefern es Sinn macht sich zu streiten,
zu diskutieren, wieder und wieder,
nur um zu demonstrieren,
dass wir stark sind
und uns nicht unterkriegen lassen.

Manchmal ist es ratsam,
über den Dingen zu stehen
und auf das zu vertrauen,
an das wir glauben,
darauf, wie wir uns selbst sehen,
unabhängig davon,
was andere von uns halten.

Ja, vielleicht ist das der wahre Sieg
und am Ende des Tages auch das Wichtigste:
Mit sich selbst und dem,
was man tut
und wie man handelt,
im Einklang zu sein.

Vergewissern

Ich bin nicht für den Stillstand gemacht.
Ich ziehe immer weiter.
Selbst, wenn ich kurz stehen bleibe,
läuft mein Motor.

Und wenn dort,
wo ich halte,
mich ein Fluss vom nächsten Ziel trennt,
so steige ich aus
und baue eine Brücke
mit meinen eigenen Händen,
damit ich immer weiterfahren kann
und ja niemals ankomme.

Denn ich bin nicht für den Stillstand gemacht,
nein, ich muss mich immer vergewissern,
ob da nicht doch noch etwas ist,
das auf mich wartet.

Es schimmert die See

Das Gold der Sonne,
es schimmert die See,
in Wehmut begonnen,
nichts tut nun noch weh,

denn die Wellen, sie schieben
den Schmerz in die Ferne.
Die Gedanken, sie fliegen,
so hab ich es gerne.

Ich vergess mich zu erinnern,
schweb auf den Wellen der See.
Durch das Rauschen und Schimmern
tut nichts mehr mir weh.

Die Sonne, der Wind,
die Wellen, das Gold.
Bin auch ich Mutters Kind,
hat sie auch mich gewollt.

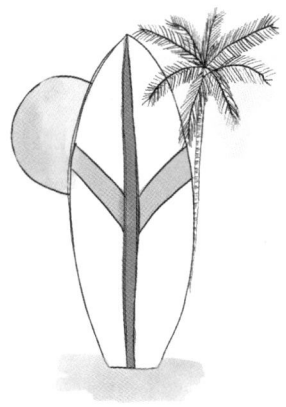

Leere voll Glück

Nun sitz ich hier wieder in einer Leere,
in einer Leere voll Glück.

Um mich herum ist es nicht leer,
um mich herum ist es schön,
in meinem Herzen ist es nicht leer,
in meinem Herzen ist es warm,
nur in meinem Kopf,
da ist es leer
und ich warte vergebens
auf einen Einfall,
auf ein Feuer,
das entfacht,
um mich anzuzünden,
doch solang dies nicht passiert,
sitze ich einfach weiter hier
in meiner Leere,
meiner Leere voll Glück.

Alles, was ich bin

Und ich schreibe mir auf
all diese Dinge
über mich selbst,
an die ich einmal glauben mag,
und ich schreibe sie auf
und lade sie ein,
dass sie zu Meinem werden,
einem Teil meiner Seele,
eine Wurzel meines tiefen Glaubens,
denn ich habe lange genug geglaubt,
dass alles, was ich bin,
nichts ist.

Was war das bloß für ein Irrtum,
in den ich hineingeraten bin,
denn lese ich nun all das,
das ich einlade,
um wahr zu werden,
noch viel eher,
um es zu verstehen,
dass es bereits wahr ist,
auch schon immer war,
dann sehe ich,

dass alles, was ich bin,
wunderschön ist.

Furchtbar anstrengend

Ja, ich spüre es immer wieder,
doch erst seit Kurzem,
dass ich schon immer
innerlich verkrampfe,
mich anspanne
und mit aller Macht am Boden stehenbleibe,
um ja nicht abzuheben,
um ja nicht zu fallen.

Es ist die Angst,
die in mir lebt,
die ich jahrelang großgezogen habe,
doch ich bin bereit,
sie nun endlich ziehen zu lassen,
denn sie nutzt mir nichts mehr,
und auch für sie muss es furchtbar anstrengend sein,
mich ständig, immer und immer wieder
zu verfolgen.

Nun übe ich
Tag für Tag,
die Momente zu spüren,
in denen ich gefangen bin
von diesem Draht,
der mich eng schnürt
und mir die Luft abschneidet,
um ganz bewusst zu atmen:
Ein und aus. Ein und aus.

Und mit jedem Atemzug,
mit jedem Moment,
mit jedem Tag,
löst sich immer mehr
von meiner festgewachsenen Angst
und ich spüre sie wieder,
die Freiheit, die Luft, die Weite,
die mir zustehen,
die nach mir rufen,
schon längst für mich bereit sind,
wenn auch ich sie mit offenen
Armen empfange.

Wirklich frei

Wirklich frei ist der,
der sich immer wieder bewusst
für seine eigene Freiheit entscheidet.

Die Welt soll sehen

Lass das Licht auf dich scheinen,
denn die Welt soll sehen,
wie schön du leuchtest,
wenn du dich nicht
hinter deinen eigenen Mauern
versteckst.

Altes Märchen

All die Jahre erzählte ich eine Geschichte,
malte Bilder
und lebte in einem Märchen,
doch dieses Märchen wurde mit der Zeit
immer schauriger und schauriger.

Ich konnte die Spannung, ja, die Angst
vor dem Ende kaum mehr ertragen,
also beschloss ich,
als ich bereits am Abgrund stand,
dass ich alle Worte,
alle Filme,
die ich in mir gesammelt hatte,
nun einfach loslasse
und sie dabei beobachte,
wie sie von weit oben
im Nichts verschwinden.

Ich entschied mich dazu,
dass ich nun bereit war
für das, was ist,
da ich so nicht mehr leben wollte
und es an der Zeit war,
meine Verkleidung abzulegen,
und dann geschah etwas,
womit ich nicht gerechnet hatte:

Die Wahrheit,
vor der ich mich
mein Leben lang fürchtete,
sie war viel prachtvoller,
duftender, klangvoller und sanfter
als alle Märchen,
die ich je erfunden hatte,
und so wusste ich,
dass meine Angst mich beinahe
dazu gebracht hätte,
die Schönheit des Lebens
nicht zu sehen.

Mein eigenes Herz

Heute glaube ich an dich
und an mich.
Ich muss mich nicht mehr entscheiden
zwischen dir und mir.
Es ist genügend Platz für uns beide
in meinem Herzen.

Es ist schön zu sehen,
wo du all die Zeit behütet worden bist
und dass ich nun auch dort bei dir bin.

Das schönste Gefühl der Welt

Es ist nicht leicht,
zu wissen, wer man ist,
wenn man die Wahrheit
seit klein auf verborgen hat,
wenn man sich formen und biegen ließ,
um überall hineinzupassen
und durch das viele Dehnen
die eigene Struktur verloren geht.

Es braucht dann Zeit,
bis man sich wieder aushängt,
Frischluft aufnimmt
und sich ausbreitet.

Man muss dann auch den Staub entfernen
und schauen, ob es Risse oder Löcher gibt,
die man dann noch flicken muss.

Es ist nicht leicht,
zu erkennen, wer man ist,
wenn man es einmal vergessen hat,
doch es ist möglich,
es ist wichtig,
denn es gibt kein schöneres Gefühl
auf dieser Welt,
als wieder mit sich selbst zu sein.

Illusion

Ich kann dich nicht loslassen
und ich weiß nicht, warum,
denn du tust mir nicht gut
und doch brauche ich dich,
denn ohne den Schmerz,
den du verursachst,
leide ich mehr.

Dann ist da nichts mehr
und ich habe Angst
vor dem Nichts.

Alles erinnert mich an dich,
sieht nach dir aus,
hört und fühlt sich nach dir an.

Und ich trage sie schon lange bei mir,
die Nadel, die diese Blase mit minimalem
Aufwand platzen lassen könnte,
doch meine Arme werden schwer,
wenn ich sie in die Hand nehme.

Vielleicht kannst du mir ja helfen
und diese Illusion für uns erlöschen,
damit ich endlich sehen kann,
wer ich wirklich bin,
wenn du nicht mehr bist.

Du selbst

Du bist so schön,
weil du von innen strahlst,
weil du mich mit deinem Blick
dazu inspirierst, mehr ich selbst zu sein,
weil es dir doch so gut steht,
wie sehr du du selbst bist.

Fußabdruck

Es ist Jahre her,
doch ich spüre ihn noch immer,
meinen Fußabdruck auf eurem Asphalt,
an eurem Ort,
zu dem ich nie gehörte.

Ich höre die Menschen reden,
vor allem nachts in meinen Träumen,
und egal, wo ich bin,
selbst am Ende der Welt,
klingen ihre Stimmen
in meinen Erinnerungen.

Ich sehe sie vor mir:
die Gleise, die Straßen, die grauen Gebäude,
und so oft stellen sie mir die Frage,
wie ich so schnell gehen konnte,
ohne noch einmal zurückzublicken.
Ob ich den Ort vermisse,
der mich formte?

Und dann denke ich nach
und spüre,
ich habe nie losgelassen,
manchmal bin ich noch immer dort,
obwohl ich es nicht möchte.

Vielleicht ist das Loslassen noch schwerer
als wir es erahnen,
denn ich schreibe auch Bücher
und Lieder darüber
und habe noch immer nicht verstanden,
wie ich die Hand loslasse,
die mich mit einem Bein
im Früher stehen lässt.

Immer genug

So oft denke ich an die Zeit
und wie schnell sie rinnt,
möchte sie halten,
doch sie entflieht mir immer wieder
durch meine Finger.

Es gibt noch so viel,
was ich machen möchte,
so viele Orte,
die ich sehen möchte,
so viele Menschen,
denen ich begegnen möchte,
und ich fürchte mich davor,
die Zeit nicht zu bekommen,
die ich dafür brauche.

Ich denke jeden Tag daran,
wie schnell die Zeit vergeht
und dass wir uns nicht
auf sie verlassen können,
dass alles, was wir wissen,
nur der jetzige Moment ist.

Und deshalb ist er so kostbar,
der Moment,
jeder Moment,
den wir erleben,
einatmen und wahrnehmen,
denn wenn wir ihn sehen,
spüren und annehmen,
dann verstehen wir,
dass es keine Rolle spielt,
wie viel Zeit uns noch für später bleibt,
da alles, was wir jetzt haben,
für diesen einen Moment
immer genug ist.

Dehnen

Ich gönne mir die Zeit,
die ich brauche,
auch wenn es schmerzt,
meine eigenen Grenzen zu überschreiten,
wie ein gerissener Muskel,
doch ich muss sie weiter dehnen,
meine eigenen Grenzen,
um die nötige Stabilität
und Sicherheit zu erlangen,
die ich brauche,
um mich selbst zu lieben.

Eintauchen

Ich weiß,
da ist noch viel,
das auf dir lastet.

Du fühlst dich selten leicht,
doch ich möchte,
dass du weißt,
dass es diese kleinen Momente gibt,
wenn man dem Regen zusieht
oder im warmen Wasser badet,
das dich auftauen lässt,
um dir Weiche zu schenken,
und ich wünsche dir,
dass du diese Momente
nicht an dir vorbeiziehen lässt,
sondern bewusst nach ihnen greifst
und tief in sie eintauchst.

Genug

Nichts an mir ist perfekt,
doch alles an mir
ist gut genug.

Ob du auch an mich denkst?

Ich sitze hier
und stehe da,
liege dort
und frage mich,
ob du auch an mich denkst
und dich dasselbe fragst?

Mehr bei mir sein

Vielleicht sollte ich mehr loslassen,
mich mehr im Wind gleiten lassen,
hinauslaufen in die Ferne
und wieder zurückkommen,
ohne zu viel nachzudenken.

Vielleicht sollte ich in Pfützen springen,
Lichter zünden,
die Zeit vergessen
und dafür kein schlechtes Gewissen haben.

Vielleicht sollte ich mehr leben
als zu planen,
mehr tanzen
als zu sitzen
und mich euphorisch fühlen
anstatt mich zu sorgen.

Vielleicht sollte ich mehr hier sein
als dort,
mehr bei mir sein
als soweit von mir fort.

Tag der Liebe (14. Februar)

Dies ist der Tag der Liebe,
der Herzen, der Siege,
der Mutigen und Verletzten,
nun lieben sie am besten.

Dies ist der Tag des Lebens,
des Gebens und des Nehmens,
des Feierns und des Singens –
lasst uns die Nachricht überbringen:

Ab heute nur noch Liebe,
kein Hass und keine Kriege,
kein alleine, nur gemeinsam,
keine Seele mehr einsam.

Habt keine Angst mehr vor der Liebe,
vor Intrigen und Seitenhieben,
seht in ihr die Klarheit des Herzens,
das Gegenmittel für eure Schmerzen.

Ich bin es mir wert

Ich bin es mir wert,
mich zu beruhigen,
mich zu besinnen
und daran zu glauben,
dass ich den ruhigen Atem
verdient habe,
der durch mich fließt
und mir Frieden schenkt.

Ich bin es mir wert,
diesen Krieg zu beenden,
mich nicht mehr
dem Leid hinzugeben,
sondern vertrauensvoll
in die Zukunft zu blicken
oder auch nur den Moment
zu genießen,
mich nicht von der Angst
verlocken zu lassen.

Ich bin es mir wert,
mir zu glauben,
dass ich wertvoll bin,
dass ich geliebt werde
und allein durch meine Existenz
ein Teil der Schönheit
dieser Zeit bin.

Kraft

Heute glaube ich daran,
dass der jetzige Moment
die Kraft für mich bereithält,
mich fallen zu lassen
und zu vertrauen,
dass ich tief einatmen kann,
ohne daran zu ersticken.

Ich mache das nicht mehr mit

Ich mache das nicht mehr mit.

Ich lasse mir nicht mehr sagen,
wie dieses Leben für mich
auszusehen hat,
wie ich auszusehen habe.

Ich lasse mir keine Ängste
mehr aufbürden,
die nicht meine sind.

Ich lasse mir nicht mehr einreden,
es geht nur um die anderen,
doch nie auch mal um mich.

Ich bin nicht feindselig,
auch nicht verärgert,
ich möchte nur auch
für mich selbst festhalten:

Ich mache das nicht mehr mit.

Nur Wunderbares

Ich neige mein Gesicht
zu meiner Linken,
lehne mich an,
an die weiche Wolke,
die mich streichelt,
atme tief ein
und lasse dann Gewicht ab,
lasse mich hineinsinken
in den Wind,
der mich sachte nach vorne bringt.

Ich schließe meine Augen
und sehe einen Regenbogen,
sehe,
wie ich durch ihn hindurchfliege,
seine Farben glitzern
auf meiner Haut.

Ich öffne die Arme,
höre die Klänge,
die Stimmen und Gitarren,
die mich mitnehmen
auf eine eigene Reise.

Ich kann nun vertrauen,
probiere mich immer wieder
darin aus,
lasse es zu,
einfach nur zu sein
und dann zu erfahren,
dass mir nichts zustößt
als nur Wunderbares.

Dort, wo du sein möchtest

Sei dort,
wo du sein möchtest.

Du findest einen Weg.

Noch immer

Egal, wie jung
oder alt du bist:

Ich glaube daran,
dass noch immer
alles werden kann.

Lieben

Dich zu lieben
hat mir gezeigt,
wie wichtig es ist,
mich selbst zu lieben.

Ersetze Haus durch Seele

Es gibt nichts Friedvolleres,
als von einem geschützten Haus
hinaus in die stürmende Natur zu blicken,
das Gefühl von Sicherheit
in turbulenten Zeiten zu verspüren.

Ich bin ein Träumer

Ich fühle mich nicht immer gut.
Ich bin nicht immer positiv gestimmt.
Ich sehe nicht in allem etwas Gutes.

Ich bin nicht unrealistisch.
Ich bin ein Träumer.
Ich sorge mich
und habe Angst,

doch ich glaube auch daran,
dass sich zu jeder Zeit
alles wieder ändern kann,

und deshalb fühle ich mich oft sehr gut,
bin meistens positiv gestimmt,
sehe in vielem etwas Gutes.

Denn ich bin realistisch.
Ich bin ein Träumer.
Ich hoffe viel
und denke nach,

denn ich glaube fest daran,
dass sich zu jeder Zeit
alles wieder ändern kann.

Erwartungen

Und dann sollte man sich
immer wieder fragen,
ist dieses Gefühl wirklich meines
oder eines, das entstanden ist
aus der Sorge heraus,
was diese Welt von mir erwartet?

Endlich

Das Leben ist vieles,
doch eines ist es nicht:
unendlich.

Deshalb müssen wir –
wir sind dazu verpflichtet –
uns jeden Tag bewusst machen,
dass dieser der letzte sein könnte,
um uns zu fragen:

Was will ich wirklich?
Was hindert mich?
Was würde ich tun, wenn …?

Und dann müssen wir verstehen,
dass alles, was wir haben,
nichts weiter als der jetzige Atemzug ist
und wir dieses Leben nicht nur haben,
um es vorbeiziehen zu lassen,
sondern um dem anonymen Schenker,
wer auch immer dieser ist,
und uns selbst zu zeigen,
dass wir verstanden haben,
dass dieses Leben vieles ist,
doch eines eben nicht:
unendlich.

Wo ich hingehöre

Ich sehe das,
was einmal sein wird,
denn ich habe die Kraft
und auch die Gabe,
meinen Weg zu lenken
und mich durch Umwege
nicht aus der Bahn werfen zu lassen.

Mein Ziel ist definiert
und ich werde nicht aussteigen,
ehe ich dort angekommen bin.

Natürlich mache ich Pausen
und gebe gut auf mich acht.
Manchmal hinterfrage ich auch,
ob ich noch zu diesem Ziel möchte,
und die Antwort lautet: ja.

Also fahre ich weiter
und sehe es schon vor mir,
wie ich dort ankomme,
wo ich hingehöre,
wo ich hinmöchte,
zu meinem Sehnsuchtsort.

Erschaffen

Niemand außer dir selbst
glaubt an das, was du
wirklich erschaffen kannst,
denn niemand außer dir selbst
sieht, was du alles in dir hast.

Und niemandem außer dir selbst
solltest du diesen Wunsch erfüllen,
das zu erschaffen,
was dich glücklich macht.

Glaubensschranken

Es sind bloß die eigenen,
doch oft so hartnäckigen,
jahrelang eingefahrenen
Glaubensschranken,
die einen davon abhalten,
den Horizont zu erweitern
und das zu verfolgen,
was das Herz begehrt.

Mit starker Brust

Es bin nicht ich,
die mich nicht sieht,
es sind die Stimmen,
die mir meine Sicht verwehren,
die Stimmen,
die sich mit den Jahren häuften,
die von links und rechts schreien,
mir weismachen wollen,
ich soll nicht,
ich kann nicht,
ich darf nicht,
doch ich falle nicht mehr zusammen,
sondern bleibe aufrecht stehen,
mit starker Brust
und erhobenem Haupt
und sage mit einer klaren
und bestimmten Stimme:

„Ruhe. Beruhigt euch.
Ich weiß,
dass ihr euch auch nur fürchtet,
doch ich nehme eure Angst nicht mehr an,
ich gebe sie euch zurück,
denn ich möchte euch ein Vorbild sein
und euch und allen zeigen,
wie einfach und wunderbar es ist,
wenn man sich selbst erlaubt,
die Person zu sein,
die man wirklich ist."

Dein Geist

Manchmal, wenn ich selbst nicht
an mich glauben kann,
dann stelle ich mir vor,
ich wäre mein bester Freund,
und dann fällt es mir ganz leicht,
wieder für mich selbst da zu sein.

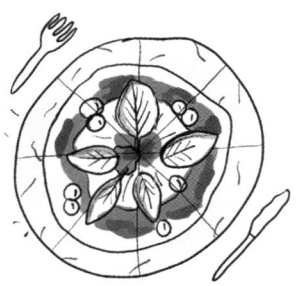

Übergang

Der Übergang vom Winter
zum Frühling überwältigt mich
immer wieder aufs Neue,
denn er erinnert mich daran,
dass auch ich immer wieder
aus der Dunkelheit fand.

It will pass / Das wird vergehen

These tears I cry,
they are not from now,
they are from the past.
These tears I cry,
they still hurt me now,
but I know that will pass.

Diese Tränen, die ich weine,
sie sind nicht von heute,
sie sind von gestern.
Diese Tränen, die ich weine,
sie tun mir noch weh,
doch ich weiß,
auch das wird vergehen.

Nicht niemand

Niemand glaubt an Wunder,
ehe sie geschehen,
und selbst dann
finden sie einen Weg,
dieses Phänomen
mit vermeintlicher Klugheit
zu umgehen.

Sei nicht niemand!

Briefe an mich selbst

Ich schreibe mir jeden Tag einen Brief
und frage mich, wie es mir geht,
doch eigentlich möchte ich mir vor allem erzählen,
was ich heute über mich denke
und wie ich doch auch alles verstehe,
was früher einmal war.

Ich umarme mich mit meinen eigenen Worten,
umhülle mich mit Verständnis und Liebe,
denn was mir früher so oft fehlte,
kann ich mir jetzt endlich geben.

Und es tut mir gut,
für mich selbst da zu sein,
das ist kein Narzissmus,
sondern das Füllen
einer tropfenden Vase.

Die Basis

Wir leben in einer Zeit,
in der wir anderen
einen Vorwurf daraus machen,
sich um sich selbst zu kümmern.

Doch was wir nicht verstehen,
ist, dass das doch die Basis ist,
um Gutes in und für diese Welt zu tun.

Prioritäten setzen

Da wir nie wirklich wissen,
was andere Menschen denken,
sollten wir uns viel mehr darum kümmern,
was wir selbst über uns denken.

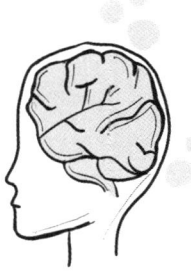

Zu Herzen

Nimm dir dich selbst zu Herzen
und du wirst sehen,
dass sich in ihm
auch der Platz
für andere Menschen vergrößert.

Deine Träume

Deine eigenen Träume
sind das Blut,
das durch dich fließt,
das Schlagen deines Herzens,
das dich am Leben hält,
die Energie,
die dich trägt.

Ohne sie zu verwirklichen,
wirst du innerlich vertrocknen,
und nichts kann dich mehr genug nähren,
damit du wieder blühen kannst.

Deine eigenen Träume
sind das Geschenk an dich,
das du zur Geburt bekommen hast,
die Aufgabe, die dich zum Ziel führt,
der Sinn, weshalb du da bist,
dein Schlüssel zum erfüllenden Glück.

Also schaue auf sie,
sieh immer wieder nach,
vergiss sie nicht
und lass sie nicht allein,
wenn es dir in manchem Moment
einfacher erscheint.

Das Leben ist nun wirklich das,
was du schlussendlich daraus machst,
also entscheide weise und spüre nach,
damit du nicht vergisst,
welche Träume in dir sind.

Wieder zurück

Ich bin zurück,
wieder eingestiegen
in den Zug,
blicke aus dem Fenster
und fühle das Rauschen
der vorbeiziehenden Landschaft
unter meiner Haut kribbeln.

Es sieht aus wie früher,
nichts hat sich verändert.
Ich bin so dankbar,
dass dieser Zug
auf mich gewartet hat.

Wo war ich all die Jahre?

Um ganz ehrlich zu sein,
hatte ich den Zug
und all das,
was ich mit ihm verbinde,
schon völlig vergessen.
Ich glaubte auch gar nicht mehr daran,
dass es ihn noch gibt,
und noch weniger,
dass er noch einen freien
Platz für mich bereithält.

Doch jetzt bin ich wieder hier
und kann endlich wieder atmen.
Ich sehe wieder,
wohin ich möchte,
und spüre,
was das in mir auslöst.

Ein Feuerwerk,
das Leben,
die Liebe,
die Lust.

Wo war ich all die Jahre?
Es zählt nicht mehr,
denn ich bin wieder zurück.

Beschütze
deinen
inneren
Frieden

Zusammen

Ich habe gelernt,
dass bei uns zweien
das Ich eine große Rolle spielt,
denn was können wir
zusammen sein,
wenn der eine
immer alles
auf den anderen schiebt?

Du trägst es in dir

Wenn niemand an dich glaubt,
dann sollst du wissen,
dass ich es tue.

Auch, wenn wir uns
nicht persönlich kennen,
so sollst du wissen,
dass du einen Platz
in meinem Herzen hast

und ich einfach weiß,
dass es sich lohnt,
an dich zu glauben,

denn du trägst es in dir:
das Feuer,
das sich in jedem
von uns entfacht,

solange jemand
mit uns
an uns glaubt.

Ups.

Das Leben
und vor allem
diese Welt
ist nicht immer fair,
nein,
irgendetwas ist immer
ungerecht
und einfach scheiße!

Ups.

Doch was ich
eigentlich sagen wollte,
ist, dass es auch immer
etwas Schönes gibt,
und die Frage ist:

In welche Richtung schauen wir?

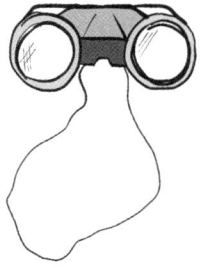

Sicherheit

Es gibt unendlich viele Möglichkeiten,
wir müssen ja immer „nur"
für sie offen bleiben,
doch das ist wohl
auch das Schwere daran,
weil wir durch das Offenbleiben
das Gefühl haben,
Sicherheit zu verlieren,
doch was dann hilft,
ist, wenn man sich fragt,
was Sicherheit eigentlich
für uns bedeutet?

Magie der Nacht

Wenn du heute Nacht
die Augen schließt,
dann vertraue darauf,
dass die Magie der Nacht,
das Glitzern der Sterne,
das Leuchten des Mondes,
der Gesang der Wälder
alles für dich
in seinen Händen bereithält,
und wenn du dann
wieder aufwachst,
sich all diese Kraft
dieser magischen Nacht
in dir gefestigt hat.

Seitdem ich weiß

Haut auf Haut,
Herz an Herz,
meine Lippen
auf deinen:

Es fühlt sich
noch so viel besser an,
seitdem ich weiß,

dass auch ich
die Schönheit
in mir trage.

Gutes tun

Manchmal zerreißen sie mich,
meine Empathie,
mein Verlangen nach Gerechtigkeit,
meine Überzeugung,
dass jeder Mensch auf dieser Erde
dieselben Chancen verdient hat,
und dann kann ich nicht anders,
als wieder wegzusehen,
um mich zu beruhigen,
genügend Kraft zu bewahren,
um weiterzuleben
und so zu tun,
als ob nichts wäre,
das mir das Herz zerbricht,
denn was kann ich noch Gutes tun,
wenn ich nicht mit aller Kraft
Gutes in mir bewahre?

Wovon du träumst?

Woher du weißt,
ob das, wovon du träumst,
noch das Richtige ist?

Leuchtet es in dir,
wenn du daran denkst?

Kribbelt es unter deiner Haut,
wenn du dir vorstellst,
schon dort zu sein?

Schlägt dein Herz vor Freude
ein wenig fester als sonst?

Ja?

Dann los!

Verschwende keine Zeit.
Denke jeden Tag daran,
was einmal sein wird,
denn wenn du es
siehst,
spürst
und bereits erlebst,
dann wird es so kommen,
denn wir ziehen das an,
wonach wir uns sehnen
und wofür wir uns entscheiden.

Sei mutig
und glaube fest an das Leben,
das du dir verdient hast!

Beben

Und wir hören ihre Schüsse,
wie sie durch die Welt schallen,
wir spüren das Beben,
das ihre Panzer auf der Erde
für immer hinterlassen,
wir fühlen den Schmerz
der Menschen,
die nur noch rennen können,
um zu überleben,
und wir fragen uns:

Wie kann es nur sein,
dass diese Welt
nicht aus ihren Fehlern lernt?

Diese Welle

Manchmal überkommt sie mich,
diese Welle,
wenn ich dich sehe,
obwohl du schon länger
vor mir stehst,
wenn meine Augen sich weiten
und ich spüre,
was allein dein Anblick
in mir auslöst:
pure Freude,
pure Dankbarkeit.

Du bist nicht von dieser Welt,
du bist die Hälfte meiner.

Dank dir weiß ich,
dass es Wunder gibt
und dass sie uns passieren,
wenn man sie am wenigsten erwartet.

Königin

Ich bin die Königin
meines eigenen Königreichs,
die Herrscherin der Gedanken,
die Aufsicht meiner Gefühle.

Ich bin nie unten,
denn dort habe ich ein Netz aufgespannt,
das mich immer wieder auffängt,
wenn ich von meinem Thron falle.

Meine Krone ist groß,
doch ich wachse in sie hinein.
Von Tag zu Tag
passt sie ein wenig besser.

Vielleicht bin ich
die unsicherste Königin,
die ihr je gesehen habt,
denn diese Rolle,
war mir immer sehr fern.

Doch ich habe sie verbannt –
Diktatoren, die über mich herrschten,
und belege ihn nun lieber selbst,
den Platz,
der über mich selbst
das Sagen hat.

Zwei Stimmen

Es kommt das Glück,
dann kommt das Gewissen,
es kommt die Liebe,
doch dann kommt der Schmerz.

Es ist so,
als würde ich mir selbst verbieten,
zufrieden zu sein.
Das war mir nie bewusst.

„Wie schön es doch ist, hier zu sein.
Das habe ich nicht verdient."

Ein Hin und Her,
zwei Stimmen,
die sich streiten,
und ich mittendrin.

Doch dass ich sie nun höre,
beide so unterschiedlich,
laut und leise,
ist der erste Schritt,
um auch mich selbst
in diese Konversation
mit einzubringen.

Reflexion

Die Art und Weise,
wie du mit mir umgehst,
wie du mich ansiehst
und mit mir sprichst,
hat nichts mehr mit mir zu tun,
das weiß ich nun,
endlich,
es ist vielmehr eine Reflexion
des Spiegelbilds deines Selbst.

Sanft

Ich bin sanft zu mir selbst,
denn der Groll in meiner Magengegend
richtet sich an die Ungerechtigkeit,
die mir widerfährt,
und ich möchte nicht länger
ein Teil von ihr sein.

Federleicht

Heute bin ich geerdet.
Stehe mit den Füßen
fest im verwurzelten Boden
und atme die feine Luft
der Erde ein,
die unter mir lebt
und mich hält,
bis tief in meine Lungen,
sodass sich mein Kopf
federleicht anfühlt
und meine Brust im Wind
hin und her schwankt,
ruhig und frei.

Heute habe ich Flügel,
gleite durch die Luft
mit einem Lächeln im Gesicht
und Wärme in meinem Herzen.

Ich sehe die Welt von oben,
spüre nur noch,
was ich fühle,
aber nicht mehr
mein Gewicht.

Heute bin ich federleicht,
geerdet,
ruhig und frei.

Noch immer

Ich erinnere mich noch daran,
denke noch immer an dich,
spüre noch immer den Schmerz,
aber das muss sich jetzt ändern,
denn genug ist genug.

Ich bin genug.

Was uns wichtig ist

Manchmal brauchen wir
kleine Erinnerungen daran,
dass wir auf dem richtigen Weg sind,
und den Applaus
aus den hinteren Reihen,
um zu spüren,
dass es immer richtig war,
das zu tun,
was uns wichtig ist.

Zusammen

Alles fließt
in den Fluss
und fliegt
darüber hinweg
und alles gehört zusammen,
selbst wenn es zu Beginn
noch voneinander getrennt ist,
so kommt es doch immer
wieder zusammen,
und selbst wenn es zwischendurch
einmal voneinander getrennt wird,
kommt es doch immer wieder
zusammen.

Selbst wenn wir es oft
nicht sehen,
so gehören wir doch
immer auch zusammen.

Die Liebe

Die Liebe,
die du gibst,
ist nur vorhanden,
weil du sie auch
für dich selbst
in dir trägst.

Chaotisch

Je älter wir werden,
desto mehr verschieben
sich unsere Ansichten.

Dinge, die uns früher
so wichtig waren,
verlieren an Gewicht,

und was uns früher
selbstverständlich erschien,
wackelt bei jedem kleinen Wind
gefährlich hin und her.

Was wir glaubten,
was wir brauchten,
erwies sich als irrelevant,

und in dem,
von dem wir dachten,
dass wir es nicht wollen,
finden wir unser Glück.

Das Leben ist nicht planbar,
es ist stetig im Wandel.

Das macht es so chaotisch,
doch magisch zugleich.

Freiheit entsteht,

wenn wir loslassen.

Bester Freund

Betrachte deinen Geist
als deinen besten Freund
und du wirst aufhören,
ihn mit rasenden Sorgen
zu versorgen,
denn du gönnst ihm nur
Freude, Leichtigkeit
und Zufriedenheit.

Also stoppe
die belastenden Gedanken,
die deinen Freund angreifen wollen,
halte sie bestimmt ab
und mach es dir schön
mit deinem Geist.

Denkt gemeinsam an das,
was dein Herz hüpfen lässt,
was dir ein Lächeln
ins Gesicht zaubert,
und lasst euch nicht sagen,
dass ihr nicht in Sicherheit seid,
denn niemand ist sicherer,
als der, der sich selbst
in Sicherheit bringt.

Träumt gemeinsam hinfort
in luftige Welten
und immer wieder
ins Hier und Jetzt.

Betrachte deinen Geist
als deinen besten Freund
und du wirst sehen,
was diese Liebe
bewirken kann.

Kindlich

Wir sind Kinder
und lieben das Leben.
Jeder Tag ist ein
Abenteuer.

Wir werden erwachsen
und kämpfen uns
durch das Leben.
Ja nicht mehr kindlich sein!
Ab sofort immer
erwachsen agieren.

„Kindisch sein" wird zu
einer Beleidigung,
einer Schwäche.

Wir sollten niemals aufhören
zu spielen,
niemals aufhören,
das Leben als ein Abenteuer
zu betrachten,
niemals aufhören
kindlich zu sein.

Ein Kind zu sein
bedeutet, lebendig zu sein,
Möglichkeiten zu sehen,
immer wieder aufzustehen,
immer ehrlich
zu uns selbst zu sein.

Wer das Kind in sich
wiederfindet,
findet auch die Möglichkeit,
den Zauber
in jedem kleinen
Moment zu erleben
und sich mit einem bunten Pflaster
auf den Wunden
auf ins nächste
Abenteuer zu stürzen.

Nichts ist so schön

Nichts ist so spannend
wie die Kraft
über die eigenen Gedanken,
die Möglichkeit,
zu verändern,
wie wir uns fühlen.

Nichts ist so schön
wie uns selbst zu akzeptieren,
uns so sehr zu schätzen,
dass wir auf uns selbst achten
und Entscheidungen treffen,
die uns guttun.

Nichts ist so wertvoll
wie die Freude am Sein,
die Neugierde auf den Tag,
die Zuversicht in uns selbst,
das Wertschätzen eigener Fehler,
um zu lernen,
zu wachsen,
uns selbst zu lieben.

Gleichgewicht

Ich glaube an die Macht,
die jeder von uns in sich hat,
die darauf wartet,
verwendet zu werden,
um Gutes zu tun
für andere
und für uns selbst.

Denn wer den Fokus
immer wieder wechselt
zwischen „für andere" und
„für mich selbst",
der findet die Balance,
die es braucht,
um im Gleichgewicht
mit sich selbst zu sein.

Spiegel

Wir brauchen einander,
um zu erleben,
wer wir selbst sind.

Lass dich nicht abhalten

Lass die Angst
anderer Menschen
vor Veränderung
dich nicht davon abhalten,
zu der Person zu werden,
die du sein möchtest.

Keine Einbahnstraße

Das Leben ist keine Einbahnstraße,
es geht hin und her
und manchmal verfährt man sich,
doch dank der inneren Orientierung,
die immer wieder gefunden werden kann,
kommt man doch dort an,
wo man hingehört.

Bunte Pflaster

Je älter wir werden,
desto größer wird die Angst davor
hinzufallen,
doch wir können sehr wohl
auch als Erwachsene
mit bunten Pflastern
durchs Leben toben.

Ausstrahlung

Niemand glaubt an dich,
ehe du an dich selbst glaubst,
denn erst dann strahlst du
diese Magie und Kraft aus,
die andere Menschen begeistern,
sodass sie dich anstarren
in einem Raum voller Menschen,
weil dich dieser Zauber umgibt,
der das Leben
so lebenswert macht.

Danke, dass du dir dich
selbst zu Herzen nimmst.

Epilog

Die Idee zu diesem Buch entstand durch meine zweite Passion, meine Berufung, die Musik. Als ich mein Album „Enough Is Enough" fertiggestellt hatte, dachte ich erst einmal nicht über einen neuen Gedichtband nach. Doch je mehr ich in die Songs lauschte, desto mehr fiel mir auf, wie viel Seele, Erkenntnisse und Erfahrungen ich in ihnen verarbeitet hatte, die sich alle um das Thema „Selbstliebe" drehten. Dann fragte ich mich plötzlich, weshalb ich dieses Album nicht auch mit einem Buch verbinde, um die Botschaft zu verstärken. Um das, was ich zu sagen habe und was ich all die Jahre meines Lebens und vor allem innerhalb der letzten fünf Jahre gelernt habe, weiterzugeben. Und so kam mir der Titel „Schon immer genug" in den Sinn. Die Idee pflanzte sich in mein Gehirn und wuchs, bis sie irgendwann erblühte.

Wenn man Musik macht, Gedichte schreibt, Gemälde malt oder sich anderweitig kreativ betätigt, hat man Zugriff auf sein Unterbewusstsein. Das ist es, was mich so daran begeistert. Neben der klassischen Psychotherapie, die ich nun seit einigen Jahren aufgrund einer psychischen Erkrankung in Anspruch nehme, half mir auch schon immer meine Kunst, mich besser kennenzulernen und an den Erkennt-

nissen zu wachsen. Die Kombination aus professioneller Hilfe und Selbsthilfe hat mich hierhergeführt, dorthin, wo ich jetzt bin. Ich war noch nie so zufrieden, so im Reinen mit mir selbst wie derzeit und das zaubert mir ein Lächeln ins Gesicht, das ich auch in meinem ganzen Körper spüre.

Es gibt noch so vieles, was ich zu sagen habe. Und ich bin mir sicher, dass es dir genauso geht. Das bedeutet nicht, dass ich nicht auch die Sprachlosigkeit kenne, die Ohnmacht, die man an manchen Tagen, in manchen Wochen oder sogar jahrelang empfindet. Doch das Gute ist, dass man immer wieder herausfinden kann aus dieser Dunkelheit, aus dieser Sackgasse. Ein starker Glaube ist dabei ganz wichtig. Ganz unbewusst begann ich schon als kleines Kind meine Wünsche und Ziele zu visualisieren, sie mir intensiv vorzustellen, sodass ich schon spüren konnte, wie es sich anfühlen würde, dort zu sein, wo ich mich hinträumte.

Ich bin fest davon überzeugt, dass mich dieser starke Glaube, den ich mir selbst in meine Gedanken gesät hatte, zu meinen Träumen geführt hat. Das Wichtigste ist, dass man träumt und dass man sich ja nicht einreden lässt, etwas sei unrealistisch. Denn das Universum, Gott oder wie auch immer man es bezeichnen mag, kennt keinen Unterschied zwischen vermeintlich „kleinen" und „großen" Träumen. Wenn du sie tief in deinem Herzen trägst und an sie glaubst, sie immer wieder visualisierst und verstehst, dass es möglich ist, dann werden sie sich erfüllen. Das kann ich dir aus eigener Erfahrung versprechen. Du musst dich bloß trauen. Es kann dir nichts passieren, außer dass du glücklich wirst.

Selbstliebe ist ein Wort, das wir aktuell überall hören. Dadurch hat es auch schon so einen fahlen Beigeschmack. Man muss es auch nicht Liebe nennen, wenn einem dieses Wort zu stark ist. Wichtig ist eher, dass man den Sinn dahinter versteht und welche Kraft sich in der Selbstliebe oder auch in der Selbstakzeptanz verbirgt. Manche

Menschen tragen dieses starke Selbstbewusstsein schon immer mit sich oder haben es sich erarbeitet – das ist wundervoll! Doch vielen von uns geht es anders. Die Gründe sind gar nicht so relevant, denn alles, was in der Vergangenheit liegt, lässt sich nicht mehr ändern. Aber wir haben sehr wohl Einfluss darauf, wie wir jetzt mit uns umgehen und wie wir uns selbst empfinden.

Selstliebe: Sich selbst so lieben, wie man andere liebt (Familie, Freunde, Haustiere).

Selbstakzeptanz: Sich selbst so akzeptieren, wie man ist, und erkennen, dass man gut ist – so, wie man ist (Authentizität).

Selbstbewusstsein: Sich seiner selbst bewusst sein, sich kennenlernen wie einen guten Freund (Interesse und Realitätsbewusstsein an und für sich selbst).

Ich wünsche mir, dass du beim Lesen dieser Texte und beim Hören meiner Lieder dieses Gemeinschaftsprojekts Kraft und Hoffnung für dich finden kannst. Dass du wieder zu träumen wagst und dein Glaube an dich selbst wächst. Denn ich kann dir eines sagen und das meine ich absolut ernst: Du bist ganz großartig, einzigartig und wertvoll so, wie DU bist!

Alles Liebe
Deine Clara

Über die Autorin

Enough Is Enough - auf deutsch: Genug ist genug! Clara Louise verarbeitet in ihrem neuen Album alte Erinnerungen und Glaubenssätze, die sie umprogrammieren möchte. In der Bridge der gleichnamigen Single singt sie „I am enough" und diese Message zieht sich durch das ganze Album. Songs, die Mut machen, für sich selbst einzustehen und dabei trotzdem zart und zerbrechlich wirken. Musikalisch betritt Louise durchaus neue Pfade, denn insgesamt ist der Sound des Langspielers wuchtig und kraftvoll und vermittelt das Gefühl von „Aufbruch", so auch ihr Song „Goodbye Little Old Town", in dem sie Abschied von ihrer alten Heimat nimmt, die sie mit 16 Jahren zurückgelassen hat.

Die 29-Jährige ist eine erfolgreiche Tausendsasserin. Im letzten Jahr schrieb Clara Louise den Song „Haven" für die Sängerin Cassandra Steen, mit der sie bereits auf Tour war, und den WWF. Kurz vor Beginn der Pandemie war Louise mit dem US-Singer-Songwriter Joshua Radin auf der Bühne zu sehen. So „ganz nebenbei" ist Clara Louise auch noch Mitgründerin und Designerin einer nachhaltigen Schuhmarke in Nordamerika und Ideengeberin für eine internationale vegane Molkerei, von der Bryan Adams Gründungsmitglied ist. Außerdem engagiert sie sich gemeinsam mit der „Stiftung Deutsche Depressionshilfe" für die Aufklärung des Krankheitsbilds „Depressionen". Sie macht sich für ein Umdenken in der Modeindustrie, fairer Löhne und einem besseren Umgang mit Ressourcen stark.

„Man kann sehr wohl schöne Schuhe produzieren, die unter fairen Bedingungen hergestellt werden, niemand dabei ausgebeutet wird, faire Löhne gezahlt werden, schonend mit der Umwelt umgegangen wird und diese trotzdem für den Konsumenten erschwinglich sind." – Clara Louise über ihr Engagement bei der Schuhfirma „Grounded People"

Clara Louise ist wahrhaftig ein Synonym für tiefgründige Lyrik, für Veränderung, Durchhaltevermögen und Wachstum. Sie gehört heute zu den beliebtesten und erfolgreichsten Dichterinnen der aktuellen Zeit, gibt Menschen auch in schweren Zeiten Mut zur Veränderung, zum Aufbruch und Fortschritt, zur Zuversicht und Hoffnung. Sie möchte als Beispiel vorangehen, was ein Mensch mit dem Fokus auf die einem wichtigen Dinge im Leben, einer unbändigen Leidenschaft und notwendigen Disziplin erreichen kann. Sie selbst hat es von der „Schulabbrecherin" über Gelegenheitsjobs als Werbetexterin und diversen musikalischen Anläufen zur erfolgreichen Poetin geschafft, die die Herzen ihrer Leserschaft bewegt. Auf Instagram folgen ihr hunderttausende Menschen, die sich offensichtlich gerne mit ihren gefühlsvollen, lebensbejahenden und zum Nachdenken anregenden Gedichten und Kurztexten beschäftigen und sich auch hier und da mal ihre Zeilen tätowieren lassen.

Das zum Buch
„Schon immer genug"

dazugehörige Musikalbum
„Enough Is Enough"

mit Liedern über den eigenen Weg,
Kraft, Stärke und Verletzlichkeit.

www.claralouise.de